小學生安心上學系列

학교 폭력 안전

我不喜歡
你這樣對我

遠離言語傷害、肢體暴力、網路攻擊與威脅的校園霸凌

盧慶實 노경실 著　李炫周 이현주 繪　林建豪 譯

好評推薦

「孩子在學校時，所有父母最關心的，大概是孩子是否平安。安全有身體安全和心理安全兩種，兩者一樣重要。除了大人設法營造友善的學習環境外，孩子也應該學會自我保護，避免身陷險境。這套『小學生安心上學系列』正能幫助孩子增長『安全意識』，快樂上學、平安歸來。」

——陳志恆，諮商心理師、暢銷作家

- -

「致力推動兒童校園安全推動已經十餘年，一直期盼能夠有一本適合孩童閱讀並且讓家長也能有系統地了解並且藉此學會一同來預防各類潛伏在孩子身邊造成危機的讀物。今天這兩本『小學生安心上學系列1＋2』不僅內容淺顯易懂，而且針對各種風險威脅都有完整的解析，非常推薦給各位家長一同品閱。」

——培根老師（任培豪），武林文創創辦人

閱讀寫實故事，
喚起孩子們的同感共鳴

——王意中，王意中心理治療所 所長／臨床心理師

　　校園，有如孩子們的遊戲天堂：小朋友總能天馬行空，在教室裡、走廊上、操場中，無所不玩。然而，別說投資一定有風險，校園裡的玩樂學習也是有風險。風險的魔鬼，總是躲在孩子的疏忽裡，當孩子少了自我覺察，逾越了分寸與界限，危險將趁勢而出。任何的遊戲、活動，一切皆以安全為前提。這是校園生活中，最基本的道理。

　　曾幾何時，校園卻成為某些孩子的地獄。這是何其的殘忍、諷刺。原本應該是孩子最安心的地方，卻成為最痛苦的存在。比如霸凌，絕不是孩子成長過程中必經的歷程。然而卻成為孩子在校園裡，容易遇見的殘酷事實。沒有人有任何權利霸凌別人，也沒有人有任何義務被霸凌。對於目睹霸凌的孩子來說，內心裡卻又是極盡矛盾。該是要挺身而出，還是冷漠以對？如何陪伴孩子預防校園危機，或度過校園霸凌的風雨，這一點，父母與老師都責無旁貸。

　　讓孩子安心上學吧！一起與孩子建立校園活動的安全性，讓我們透過孩子們最熟悉與切身的事物，藉由寫實故事的閱讀，以喚起孩子們的同感共鳴。

安全的生活
創造出安全的未來！

　　回想起小時候的那段歲月，如今就像是作夢一般。現代社會24小時隨時隨地都能視訊通話，如果有任何疑問，只要拿起手機就能找到答案；想吃的食物也都能使用外送服務。如果要一一數完生活中的便利性，大概需要超過一個星期的時間。而當中最大的變化應該就是人工智能吧！因為現在已經變成連電影中出現的機器人也會為我們工作的世界了。

　　不過真的很奇怪，每天都有新的技術與尖端產品上市，但為什麼世界會變得更加危險呢？最大的原因大概是社會結構變得更複雜，且運轉得更加迅速。因此，對我們來說，營造安全的環境真的是很重要的一件事。

對兒童來說，安全教育是家庭與學校都不可或缺的一部分。安全並不能只靠「言語」或「想法」，每個人都應該具備正確的「知識」。大家都知道「依照知道的去看，依照知道的去理解」這番話的意思嗎？安全的問題也同樣如此，擁有的知識越多，就更能保護自己的安全。我們都應該透過書本與教育，掌握正確的安全知識。

透過「小學生安心上學系列」，我想讓孩子們明白保護自己的安全，就是要好好保護自己的生命與健康，而且是打造美好未來的第一步。

同時期望每一位孩童都能明白，保護自己就是給深愛自己的人最大的喜悅與禮物！孩子與寵物狗一直都是陪伴著我的夥伴，衷心希望這本書也能成為讓孩子們擁有幸福與安全生活的可靠夥伴與導師。

盧慶實

2018年，陽光耀眼的早晨

一山白石村

 目錄

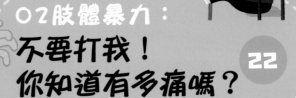

寫作獎

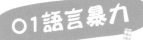

惡劣的言語會讓內心生病！

　　美妍一走進教室，寶美和智穗就立刻衝回座位，原本一起聊天的度盈則是轉過頭，假裝沒看見美妍。度盈是坐在美妍隔壁的同學，美妍若無其事的先向度盈打了聲招呼。

　　「度盈，早安！」

　　「不要跟我說話，妳這個魯蛇！」

　　度盈哼了一聲，且顯得相當氣憤。

　　「魯蛇？那是什麼意思？」

　　驚訝的美妍脹紅著臉問。

我不喜歡你這樣對我

但度盈完全沒有反應，撇過頭去。

美妍在下課休息時間去了圖書室，使用電腦搜尋了「魯蛇」的意思。

魯蛇：指一個人在各方面都非常失敗的意思。

美妍嚇了一大跳。

「為什麼她會說我是魯蛇呢？為什麼我很失敗呢？是因為我的腳嗎？」

美妍的一條腿在孩提時曾被熱水嚴重燙傷，雖然經過多次的手術後痊癒了，但燙傷的疤痕依舊留有暗紅色的斑點。美妍雖然很想親自問度盈，但卻一直無法鼓起勇氣。

放學時，度盈、寶美和智穗一起走出教室，就在此時，掛在度盈背包上的小貓娃娃突然掉在地上。

「哦？等一下，你的東西掉了！度盈。」

美妍撿起娃娃，叫了度盈的名字，但度盈沒聽見，

就這樣走掉了。

美妍匆匆忙忙帶著娃娃追了上去，當她走近度盈時，聽見了其他人交談的內容。

「體育課時我有看見美妍的腳，真的超噁心的！」

「如果傳染給妳該怎麼辦呢？度盈，妳快去請老師幫妳換座位啦！」

「雖然不太可能，但心情真的很差！為什麼那種人會坐在我隔壁呢？以後我們私下就叫美妍魯蛇吧！」

「好，贊成！」

聽見同學的談話內容後，美妍不敢繼續走過去。

美妍轉過頭後忍不住落下了淚水。她走回教室後就把小貓娃娃放進度盈的抽屜，然後坐在椅子上哭了好一會兒。

隔天早上，美妍剛走進教室就看見有幾個同學在竊笑，交頭接耳說著悄悄話。

「魯蛇來了，魯蛇！」

「不是魯蛇吧？是外星人！」

「嘻嘻，對呀！」

美妍假裝沒聽見，緊閉著嘴巴坐了下來。

原本在竊竊私語的同學們在老師走進來時就頓時鴉雀無聲。

「好，今天要換座位吧？這個月雖然和隔壁同學變親近了，但往後一個月要和新的同學好好相處。」

抽完籤後，孩子們紛紛開始為了找坐在隔壁的同學而移動位置。

美妍找到了和自己一樣抽到3號的同學，但是找到對方的瞬間，她突然覺得很驚訝。

因為那個同學就是今天早上使用最大音量捉弄美妍的人──政植。

當美妍坐下後，政植的表情就像是皺起來的紙張一樣顯得相當扭曲。

「唉，煩死了！」政植說完後，寶美和秀智忍不住笑了出來。

美妍再也忍不住了。

「我不是魯蛇！我不是外星人！」美妍一邊在內心吶喊，一邊衝出了教室。

「老師，美妍哭著跑出去了。」坐在後面的玄浩舉手說。

忙著幫孩子們整理座位的老師問：「政植，美妍去哪裡了呢？發生什麼事了？」

「我也不清楚……」政植搔著頭，吞吞吐吐的回答老師。

「不過她為什麼哭著出去呢？沒有人知道嗎？」

原本鬧哄哄的教室突然變安靜了。

老師急急忙忙跑出教室。

老師一離開教室，秀智拿出抽屜裡的小貓娃娃說：「度盈，這是你的吧？」

「哦？我還以為不見了，在那邊呀！太好了！」

度盈開心的從座位上站了起來。

「是誰幫我把娃娃放進抽屜的呢？」

度盈露出一臉茫然的表情。

「昨天打掃時，我看見是美妍撿起妳掉在地上的娃娃，然後放回抽屜的！妳要向美妍道謝，你們對美妍說出那麼過分的話，妳覺得也沒關係嗎？大家都要去向美妍道歉。」

聽見秀智說的話，度盈和其他同學都感到無地自容，內心相當愧疚。

老師在圖書室的角落找到了美妍，美妍便把和同學們之間發生的事情告訴了老師。

「美妍，不要擔心！同學們只是不知道而已，老師會好好告訴大家的。」

老師和美妍一起回到了教室，並且告訴孩子們惡劣的言語是多麼危險的東西。

我不喜歡你這樣對我

「惡劣的言語就和槍或刀一樣危險，因為生氣或開玩笑說的話，可能會對朋友造成莫大的傷害，好的言語會治癒人的內心，惡劣的言語則會讓人的內心生病。因為和自己不一樣就認為是不對的，這樣不能算是好朋友，這樣大家知道了嗎？」

隔天到學校的時候，美妍從抽屜裡發現了一個小狗娃娃和一張紙條。

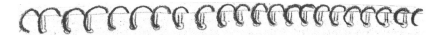

美妍！我很抱歉。
謝謝妳幫我找到小貓娃娃，
以後我只會說好話，
我們好好相處吧。

度盈

拿起小狗娃娃的美妍笑得非常開心。

安心上學知識測驗

🌱 看清楚問題，並且把貼紙貼在正確的位置。

1 該怎麼向朋友打招呼才對呢？

甲 打招呼時露出開心的笑容。

乙 因為很親近，就算亂開玩笑也沒關係。

2 該怎麼和身材矮小的朋友相處呢？

甲 不要叫名字，叫對方矮冬瓜！

乙 不要以外貌取笑他人。

3 該怎麼和害羞的朋友相處呢？

甲 主動接近對方且好好相處。

乙 竊竊私語說他沒朋友很可憐。

④ 該如何和多元文化家庭的同學相處呢？

甲 朋友要求幫忙時，要好好給予對方協助。

乙 不叫同學的名字，而是叫對方「混血兒」！

⑤ 同學報告表現差強人意，我們該怎麼做呢？

甲 邊說「笨蛋！妳連這也不會嗎？」邊讓對方感到羞愧。

乙 邊說「表現得很好！加油」邊給予勇氣。

盧慶實老師的「安心上學小叮嚀」

　　使用拳頭或棍棒攻擊他人稱為「暴力」，被攻擊者的身上可能會留下嚴重的傷勢，嚴重時也可能會失去性命。不過，「語言暴力」也會讓人受傷。惡劣的言語就像是眼睛看不見的可怕棍棒或刀械。被惡言相向的對象雖然不會流血，但漸漸的內心會生病，內心會受到傷害。惡劣的言語雖然會造成內心的傷害，但相反的，好言好語則能夠治癒內心。

○2X由 ⑤ X2○由 ⑦ X2○由 ⑧ ○2X由 ⑦ X2○由 ① ：案答

不要打我！
你知道有多痛嗎？

「啊！」有人發出尖叫聲。

「怎麼了？」原本在黑板上寫字的老師轉過頭來並發問。

「……」

教室裡突然變得一片寂靜，大家都互相看彼此，沉默不語。

「不要惡作劇，專心上課吧！」

待老師再次轉身後，載碩就立刻又用鉛筆戳民具的手肘。

「快住手！很痛啦！」民具皺著眉頭小聲的說。但是，載碩卻變本加厲，還笑得非常開心，根本就不打算停止惡作劇。

民具雖然很想告訴老師，但卻一直無法鼓起勇氣。

「哪裡會痛啊？我是為了讓你覺得舒服！」

載碩繼續使用尖銳的筆芯刺民具的手肘。

「嗚嗚……」

民具緊緊抓著自己的手臂，落下了淚水。

此時載碩才終於停止動作，並且把鉛筆放入筆筒。

民具的一隻手臂就像被蟲咬過一樣紅腫。

載碩平時就經常這樣欺負民具。

民具很怕身材高大且擅長打架的載碩，班上的其他同學也都很害怕載碩，載碩在老師面前都會裝作很乖，然後趁老師不注意時欺負同學，他認為這樣很有趣，經常因此笑得相當開心。

「就忍耐到下星期吧！」

民具決定忍耐到下星期換座位時為止，然後他擦拭

了臉上的淚水。

隔天一早來到學校，民具就走去廁所，他在小便時突然有人從背後踢了他的腳。

「啊！」民具就這樣跌倒並跪在廁所的地板上。

「哈哈！抱歉，不小心踢到你了！」

載碩哈哈大笑後就跑走了。

「民具，你沒事吧？」

原本在一旁洗手的俊浩，跑過來扶起了民具。

「嗯，我沒事。」

民具因為羞愧與難過，眼眶泛起了淚光。

「民具，不要再忍耐了，快點告訴老師！如果你自己不敢說，我陪你一起去吧。」俊浩擔心的說。

「告訴老師載碩就會改變嗎？說不定他會趁老師不注意時欺負得更嚴重。」

「民具，並不是只有你被欺負而已！燦秀、碩賢還有泰皓也被他欺負過。」

「真的嗎？」

「嗯，載碩用桿子捉弄燦秀，害燦秀的眼睛差一點就受傷了；而碩賢上廁所時是被困在裡面沒辦法出來；泰皓則是臉上被載碩吐了口水。」

民具聽了，就像是自己被欺負一樣，害怕的閉上了雙眼。

「民具，如果我們不勇敢一點，載碩就會欺負更多的同學。」

但民具搖了搖頭。

「我辦不到，我沒辦法鼓起勇氣。」

俊浩緊緊握住民具的手。

「民具，我告訴你關於我表哥的事情！表哥五年級時和你一樣，被班上力氣很大的同學欺負，他去廁所時被潑水，在走廊上被絆倒，對方甚至故意拿球扔他的臉，害他流鼻血！」

「流鼻血？真的嗎？」

俊浩點頭回應。

「然後呢？」

民具很認真聽俊浩說話。

「後來表哥告訴了媽媽、爸爸和老師。剛開始表哥也很猶豫，因為他擔心會再次被欺負，但當大人都知道這件事時就立刻解決了問題。欺負人的同學親自向表哥道歉，並且約定好再也不會欺負同學。」

「所以他真的有遵守約定嗎？」

「有啊！而且完全變了一個人。」

但民具卻因為恐懼而猶豫不決。

「說不定載碩不會改變，如果只有我被當作膽小鬼嘲笑，該怎麼辦呢？」

民具的雙眼泛著淚水。

「民具，被欺負時只會忍耐，那才是膽小鬼吧？」

民具短暫猶豫了一下後抬起了頭。

「對，我不想當膽小鬼。」

民具用閃爍著光芒的雙眼看著俊浩。

民具和俊浩手牽著手，開心的走出廁所。

安心上學知識測驗

🌱 看清楚問題，並且把貼紙貼在正確的位置。

1 隔壁的同學用鉛筆戳我的手臂，該怎麼辦？

甲 因為害怕和疼痛而哭泣。

乙 叫對方住手或是向老師求助。

2 同學生病或不舒服時，該怎麼做呢？

甲 朋友有困難時應該給予協助，不能捉弄對方。

乙 因為對方比我弱，可以瞧不起和捉弄對方。

3 和朋友的意見不合時，該怎麼辦呢？

照我自己的意思去做。

乙 互相讓步與分享意見。

④ 看見同學被欺負，該怎麼做呢？

甲 告訴老師或爸媽。

乙 與我無關，假裝沒看見。

⑤ 和同學比賽落敗時，該怎麼辦呢？

甲 雖然很可惜，但真心祝賀同學。

乙 對同學發洩自己內心的怒氣。

盧慶實老師的「安心上學小叮嚀」

　　有些小朋友會開玩笑拿鉛筆戳坐在隔壁的同學，或拍打坐在前面的同學的頭部，就算阻止對方說：「快住手！很痛！」對方依舊笑著回答：「開個玩笑而已，哪裡會痛呢？」隨隨便便觸碰他人的身體，儘管表示厭惡依舊不斷的想觸碰，這就屬於一種肢體暴力。就算是小小的惡作劇也會變成暴力。

　　而且這樣的錯誤行動會變成習慣，長大成人後可能會變成更可怕的暴力，即使是小小的暴力也絕對不能被允許，一定要牢牢記住這一點。

不要躲在螢幕後面隨便亂說話！

星期六中午吃完午餐後，度盈和爸爸、媽媽一起出門購物。

「媽媽！爸爸！快點走！」

度盈興奮的四處跑跳，顯得相當開心。

「你那麼喜歡手機嗎？如果妳也能那麼喜歡讀書就好了！」

媽媽嘆了一口氣。

「只要買手機給我，我就會更努力讀書！」

度盈牽著媽媽的手臂說。

「好，媽媽相信我們的女兒！加油！」

爸爸也摸了摸度盈的頭且笑得相當開朗。

那一天晚上，度盈使用新買的手機和其他同學一起聊天。

美妍：度盈，恭喜你終於加入我們的「祕密聊天室」！

度盈：哇，我真的等很久了！

寶美：對了，妳們知道泰晧的事情嗎？

度盈：泰晧怎麼了嗎？

寶美：他幼稚園時的綽號是尿褲子大王。

美妍：真的嗎？

智穗：呵呵，泰晧竟然是尿褲子大王！

寶美：不過聽說泰晧喜歡采苑。

度盈：采苑聽到泰晧的事，應該會暈倒吧？

美妍：畢竟當時是幼稚園，這種事也很正常吧！

智穗：他該不會連現在也會尿褲子吧？

美妍：不過你怎麼會知道呢？

寶美：是政植說的。

美妍：政植平常不是很愛說謊嗎？

智穗：對呀，我不相信。

度盈：我也是！

寶美：那我也是！

一群女生透過手機聊班上男生的同學，完全沒有注意到時間已經很晚了。

幾天後，男生們在聊天室裡吵架了。

泰皓：政植，如果你一直跟別人說我壞話，我就
把你趕出聊天室。

政植：我什麼時候說你壞話了？

燦秀：我也曾聽說過，你不是跟女生們說了泰皓的壞話嗎？

碩賢：我也聽說過。

泰皓：你跟女生們說我是尿褲子大王不是嗎？而且你還說我喜歡采苑！你幹嘛要說謊呢？

政植：我才沒有說那種話，真是令人不爽！XXX！

碩賢：你幹嘛說髒話？

泰皓：如果要說髒話就離開聊天室！

燦秀：對呀，不要說髒話！

政植：我高興，怎樣？嘖！XXX！

泰皓：你再說髒話，我就把你趕出聊天室。

政植：嘖！我也不想和你們一起玩！XXX！

39

隔天早上，教室的氣氛不同於往常，顯得相當安靜且凝重。

　　有幾個同學聚在一起竊竊私語，度盈也覺得氣氛不太尋常，於是便問坐在隔壁的寶美。

　　「寶美，為什麼大家都這麼安靜呢？發生什麼事了？」

　　「聽說政植使用通訊軟體告訴大家泰皓是尿褲子大王，還有他喜歡采苑的事情，所以泰皓和采苑就告訴了老師。」

　　「真的嗎？」

　　度盈睜大了雙眼。

　　「采苑哭到臉都變腫了，泰皓說自己肚子痛，然後就請假回去了。」

　　度盈輕輕的走到趴在桌上的采苑旁邊。

　　「采苑，不要難過！有我們陪著妳。」

　　趴在桌上的采苑抬起了頭，而且雙眼都有淚水。

　　「真的嗎？我和泰皓就讀同一所幼稚園，從小就很

熟，就只是這樣而已！而且泰皓不是尿褲子大王！泰皓現在大概比我更難受一百倍吧？」采苑哭著說。

「好，我知道，不要擔心！泰皓很勇敢，所以他不會有事的。」

就在此時，美妍慌慌張張的跑了過來。

「各位！六年級有一個學姊在聊天室散布謠言，後來家長跑來學校大吵一架。」

「是什麼謠言呢？」

度盈和采苑異口同聲的問。

「她散布謠言說考試時某人偷了別人的考卷。」

「所以後來怎麼樣了呢？」

采苑使用顫抖的嗓音問。

「被散布謠言的學姊受到打擊，後來就住院了，是姊姊告訴我的。」

「嗚嗚，怎麼辦呢？泰皓應該不會也住院吧？」

采苑又再次哭了起來。

去輔導室的政植和老師一起回到了教室。

同學們的目光全都集中在政植的身上，政植大概是因為覺得羞愧，所以不敢抬起頭。或許是因為哭了很久，雙眼也呈現紅腫的狀態。

　　老師要求不停竊竊私語的同學們保持安靜。

　　「各位同學，政植有話要跟大家說。政植，準備好了嗎？」

　　政植慢慢的走到前面。

　　「我說謊了，泰皓不是尿褲子大王，而且采苑和泰皓只是很親近的好朋友而已，真的很對不起。」政植啜泣的說。

　　「政植，你明明不清楚情況，為什麼要散布那種謠言呢？」老師露出溫柔的表情問。

　　「因為聊天室的其他同學都只喜歡泰皓，所以我很忌妒泰皓。」

　　政植低下了頭。

　　「原來如此，但是政植，謠言就和傳染病一樣，可能會在短時間內就傳染給大家，特別是使用手機在聊天

室說的話會更快傳出去。」

政植的雙眼流下了淚水。

「政植，以後你不會再說謊了吧？」

當老師抱住政植時，政植就像小嬰兒一樣放聲大哭了起來。

大家都知道說謊是多麼惡劣的行為，而且也再次明白了，透過網路或手機說的謊言或謠言有多麼的可怕。

安心上學知識測驗

🌱 看清楚問題，並且把貼紙貼在正確的位置。

1 同學在聊天室散布謠言該，怎麼辦呢？

甲 試著確認事實，不要相信謠言。

乙 因為很有趣，所以就一起繼續散布謠言。

2 在聊天室該如何和同學們交談呢？

甲 只說自己想說的話。

乙 忍耐與等待順序，讓其他同學也能說話。

3 和討厭的對象在聊天室遇到，該怎麼辦呢？

甲 因為看不見對方，可以盡情的罵對方。

乙 不說難聽的話，而只說需要說的話。

④ 如果在聊天室被其他同學欺負，該怎麼辦呢？

甲 獨自一個人哭泣和忍耐。

乙 告訴老師或爸媽。

⑤ 手機收到奇怪的文章或照片時，該怎麼辦呢？

甲 把文章或照片交給老師或父母看。

乙 傳給其他同學。

盧慶實老師的「安心上學小叮嚀」

　　網路暴力最可怕的就是謊言或惡劣的謠言在短時間內傳出去，這也代表同一個時間有許多人都知道這件事。因此，錯誤傳聞如果透過網路傳出去，想要導正會非常困難。隨時隨地只憑手指頭就能攻擊他人的可怕武器就是網路暴力！所以，從小學習並遵守正確的網路禮儀與言語，是相當重要的。

04 勒索與威脅暴力

可以先詢問
我的意見嗎？

「哇，這是我非常想要的機器人！」碩賢看著俊浩掛在書包上的娃娃說。

「你也去拜託你媽媽買給你呀！」俊浩邊笑邊拿起娃娃。

「我也和媽媽一起去買了，但因為是限定版，早就全都賣光了，俊浩，我真的好羨慕你。」

碩賢的表情充滿羨慕與遺憾，碩賢非常想要的那個娃娃名叫沃里歐，意思是勇敢的軍人。沃里歐是守護地球的沃里歐是知名卡通的主角。

其他同學也很羨慕俊浩，俊浩聳了聳肩膀顯得相當得意，因為全班只有俊浩一個人有沃里歐娃娃。

雖然已經開始上課了，但碩賢的腦海中只想著娃娃而已。

「只要有那個娃娃，就全部蒐集到了……」

碩賢的家裡有各式各樣的公仔娃娃和機器人，沃里歐是近期最新上市的娃娃，娃娃被俊浩搶先買走了。碩賢一心只想著沃里歐，根本沒辦法專心讀書，他就這樣一直等待下課鐘聲響。

休息時間一到，碩賢就走向俊浩說：「俊浩，沃里歐可以賣給我嗎？」

「不行！」俊浩沒有絲毫的猶豫，就立刻拒絕。

「那可以借我一天嗎？我的玩具也借給你。」

碩賢露出非常迫切的表情。

「不要，我非常喜歡沃里歐。」

被俊浩拒絕後，碩賢的表情漸漸變得非常黯淡。下課放學回家的途中，俊浩在等綠燈時突然覺得背後有一

股奇怪的感覺，當他回頭時，發現了慌慌張張跑走的碩賢，不過碩賢手上卻拿著沃里歐。碩賢笑著揮動手裡的沃里歐。

「啊，我的沃里歐！那是我的！喂，還給我！」

俊浩驚訝的大聲吶喊。

「我玩一天就好，明天就還給你！」

碩賢對俊浩吐了舌頭扮鬼臉，接著便跑回家了。

「不行！那是我的！還給我！」

俊浩匆匆忙忙追上去，但碩賢早已經消失得不見蹤影了。

俊浩蹲坐在原地放聲大哭。

那一天晚上，碩賢的父母親和碩賢提著一個裝著水

51

果的籃子一起來到了俊浩家，水果籃當中還放有一張紙
條，那是碩賢寫給俊浩的信，碩賢還小聲的念了信中的
內容。

俊浩，真的很抱歉。
為了表示歉意，往後我一定會遵守這個
約定。
我不會隨便碰同學的物品。
如果想碰的時候一定會先詢問同學，如
果同學拒絕，我就絕對不會碰。

碩賢的道歉讓俊浩心軟了，

後來俊浩決定把沃里歐借給碩賢玩一天。

今天是製作三明治的日子，聚集在料理教室的小朋友們都穿上了圍裙，並且開始用洗乾淨的手製作三明治。這些三明治要送給學校旁養老院的老爺爺和老奶奶們，當然也會和同學們一起分享。

　　夢想成為廚師的海莉很努力在做三明治，不過一旁的秀智卻一直叫自己幫忙。

　　「海莉，可以幫我洗馬鈴薯嗎？」

　　「嗯，我知道了。」

　　「海莉，幫我切起司。」

　　「我也很忙……」

　　海莉忍住沒有說出口，並且幫忙切了起司。

　　「海莉，幫我拿一下紙巾。」

　　「真是的，我也很忙……」

　　「海莉，幫我拿一下美乃滋。」

　　忍無可忍的海莉終於發飆了。

　　「你自己去拿！我也很忙！」

「哼，你真是卑鄙，不幫忙同學！」

秀智沒有道歉就算了，反而還惱羞成怒。

兩位小朋友的聲音漸漸變大聲，直到老師走過來才停止爭吵。

「各位，勉強別人做事情也是一種暴力！需要的時候可以拜託對方，但如果對方拒絕就不該勉強人家，知道嗎？」

秀智點頭回應。

她也明白，因為海莉擅長料理，就認為她應該要幫忙是不正確的想法。

「海莉，對不起！」秀智露出羞澀的笑容說。

「好，我們一起來做三明治吧！」

海莉握著秀智的手，露出開心的笑容。

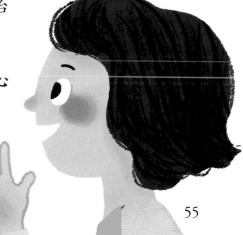

安心上學知識測驗

看清楚問題，並且把貼紙貼在正確的位置。

1 忘記帶上課用品時，該怎麼辦呢？

甲 詢問同學，然後一起使用。

乙 隨便拿同學的物品使用就行了。

2 想要玩同學的玩具時，該怎麼做呢？

甲 拜託同學一起玩，或者是忍耐。

乙 搶過來當作自己的玩具玩。

3 同學如果不把我的玩具還給我，該怎麼做呢？

甲 如果要求對方交還物品，對方依舊拒絕，就要告訴老師或爸媽。

乙 和同學打架，打贏的人就能帶走物品。

④ 在學校發生麻煩的事，該怎麼辦呢？

甲 就算麻煩，該做的事也該自己動手做。

乙 命令弱小的同學去做，自己好好休息。

⑤ 如果同學一直命令自己做事，該怎麼辦呢？

幫我拿牛奶

不要！

甲 因為害怕，只好乖乖聽話。

乙 毅然決然告訴對方：「不要，自己的事自己做！」

盧慶實老師的「安心上學小叮嚀」

　　一起分享是好事，不過隨便使用別人的物品或是不願意交還卻是錯誤的行為！我們周圍都有把自己的同學當作部下對待的人，通常這一類的人會把體格嬌小或害羞的人當作使喚的對象。隨便拿走同學的物品且不願意歸還，或者是以隨便的態度對待同學，同學已經拒絕卻依舊強迫對方，這些全都是可怕的暴力，請千萬別忘記！

朋友們為什麼都只討厭我呢？

班上不知道從何時開始出現了一個奇怪的傳聞。

「不要和玄洙玩！」

「玄洙總是喜歡裝模作樣！」

這是玄洙在全國比賽中獲得寫作獎與科學發明獎後出現的傳聞，但卻不知道是誰先散布這個傳聞的。

「玄洙讓我們學校的名聲變得更響亮，請各位也都要和玄洙一樣更加努力練習自己擅長的事情，例如寫作或是畫圖。」

聽見老師稱讚玄洙後，有幾位同學的內心反而更加

扭曲。

「哼！他真的是靠實力得獎的嗎？」

「他得獎後就認為自己最棒了。」

「不會英文，只會寫作有什麼了不起呢？」

「和玄洙很親近的幾個同學也一樣，不要和他們一起玩！」

班上的同學們漸漸的和玄洙疏遠了，不管玄洙說什麼，他們總是有各式各樣的藉口。

「鎮久，一起踢足球吧！」

「不行，媽媽叫我早點回家。」

「笙采，這個餅乾給妳吃。」

「不要，我現在肚子很飽。」

「俊敘，可以借我鉛筆嗎？」

「我不喜歡把筆借給別人！」

不僅如此，玄洙愛裝模作樣的傳聞變得更誇張了！連女生們看見玄洙也都會竊竊私語，不管玄洙說什麼，大家都會說他裝模作樣並嘲笑他。

「為什麼你們會突然變成這樣呢？」

同學們突然轉變的態度讓玄洙感到疑惑，但卻不清楚原因，所以他的心情非常鬱悶。

連原本和玄洙很親近的泰皓、燦秀也漸漸疏遠他，下課後玄洙和兩位同學說：「今天一起去我家寫作業吧，媽媽說會煮炸醬麵和糖醋肉。」

泰皓和燦秀猶豫了一下，看了一下周圍說：「那你先回去吧，我們要先去一個地方，晚點再去你家。」

「好，快點來喔！」玄洙開心的大聲回答。

隔天，整個教室的氣氛顯得相當緊張。

政植把泰皓和燦秀叫到走廊上說：「喂！聽說你們昨天去玄洙家玩？敏示看見你們去玄洙家，你們這兩個叛徒！」

看見擅長打架的政植生氣的樣子後，兩個人完全不敢說話。

從那時候開始，大家都紛紛開始避開玄洙。在學校

玄洙沒辦法和任何人交談，他覺得非常難過。

「我做錯了什麼呢？為什麼大家要排擠我呢？」

松怡覺得這樣的玄洙很可憐。

「玄洙，你沒有錯！是那些排擠你且散布謠言的人不對，你要對自己有信心。」

「謝謝你。」

玄洙再次打起精神，但卻無法平撫他悲傷的心情。

星期六的早晨，玄洙鼓起勇氣開設聊天室且邀請了其他同學。

玄洙：我有新的遊戲道具，來我們家玩吧！

泰皓：抱歉，我今天要和媽媽一起去看牙科。

燦秀：我現在要和爸爸、媽媽一起去公園。

政植：喂！和裝模作樣的玄洙一起玩，你們也會變成和他一樣。

玄洙：那是什麼意思？我裝模作樣？

政植：對呀！你每次都因為領獎而裝模作樣，不

是嗎？所以大家才會討厭你。

玄洙終於知道同學們排擠自己的原因了，但他覺得自己太無辜了，玄洙確實是有領獎，但他並不曾裝模作樣。那是忌妒玄洙的同學們編造出來的謠言。

玄洙把自己的煩惱告訴了松怡。

「松怡，我知道大家討厭我的理由了。」

「是什麼原因呢？」

「他們說我領到獎就裝模作樣，但我並沒有裝模作樣呀！」

「玄洙，我相信你！你並不曾做出那種事，這是其他同學忌妒你才編造出來的謠言。」

「該怎麼做才能導正謠言，讓大家了解我呢？」

「玄洙，我們先去告訴老師，然後再找方法吧！」

松怡把玄洙經歷的困難告訴了班導師。

「老師，惡劣的謠言讓玄洙相當煎熬。」

「原來發生那樣的事情……」老師嘆了一口氣。

「原本和玄洙很親近的同學們也都在排擠他。」

「我們班發生那種事，但老師卻完全不知情。松怡，謝謝妳鼓起勇氣告訴老師。」老師輕輕摸了摸松怡的頭。

「其實，我以前也曾和玄洙一樣被大家排擠。」

「是嗎？」老師一臉訝異看著松怡。

「對，所以我很清楚玄洙現在有多麼難過。」

「好，我們為了玄洙一起好好努力吧！老師會好好告訴其他同學，如果玄洙有意願的話，我會安排他進行輔導。」

「謝謝老師！」

「不，老師才更應該向松怡道謝。」

老師連連稱讚了松怡的勇氣。

松怡帶著輕鬆的心情回到了教室，她看見玄洙趴在桌上。

松怡走到玄洙身旁輕輕趴了他的肩膀。

「玄洙！」

玄洙抬起了頭。

「不要擔心，一切都會順利解決的！因為你不是獨自一個人，真相也終究會水落石出的！」松怡笑著對玄洙說。

安心上學知識測驗

🌱 看清楚問題，並且把貼紙貼在正確的位置。

1 被同學們排擠時，該怎麼做呢？

甲 和排擠我的同學們互相大聲對罵與吵架。

乙 不要獨自煩惱，勇敢的告訴老師或爸媽。

2 如果有不喜歡的同學時，該怎麼做呢？

甲 排擠對方，只和親近的同學們一起玩。

乙 互相理解和努力和平相處。

3 同學們捉弄一個對象且不斷批評他時，該怎麼辦呢？

甲 我也要一起批評和嘲笑他。

乙 勸阻同學，如果屢勸不聽就告訴老師。

④ 新同學轉學來時，該怎麼做呢？

甲 畢竟和新同學不熟，還是和親近的同學一起玩吧。

乙 協助新轉學來的同學能好好適應學校生活。

⑤ 以身體的特徵嘲笑同學也沒關係嗎？

甲 不管是什麼情況，嘲笑同學都是不對的。

乙 我們是同學，就算捉弄對方也沒關係。

 **盧慶實老師的「安心上學小叮嚀」**

　　被排擠的原因會是什麼呢？最大的原因就是自己內心的不滿。但因為自己不滿意而排擠同學，是非常危險的暴力行為！就如同陽光會送給每個人閃耀的光芒一樣，每個人都是珍貴的存在。不要忘記其他同學也和我們一樣是父母最心愛的寶貝，因此需要互相珍視與珍惜對方。

答案：❶ 由○✗○ ❷ 由○✗○ ❸ 由○✗○ ❹ 由○✗○ ❺ 由○✗✗

國家圖書館出版品預行編目（CIP）資料

我不喜歡你這樣對我：遠離言語傷害、肢體暴力、網路攻
擊與威脅的校園霸凌 / 盧慶實作；李炫周繪；林建豪譯. --
初版. -- 臺北市：采實文化事業股份有限公司, 2021.10　面
；　公分. --
（小學生安心上學系列）（童心園系列；150）
譯自：학교 폭력 안전
ISBN 978-986-507-515-6（平裝）
1.安全教育 2.校園霸凌 3.網路霸凌 4.小學生
528.38　　　　　　　　　　　　　　　110013469

童心園系列 150

童心園　**我不喜歡你這樣對我：遠離言語傷害、肢體暴力、網路攻擊與威脅的校園霸凌**

作者 盧慶實／**繪者** 李炫周／**譯者** 林建豪／**總編輯** 何玉美／**責任編輯** 鄒人郁／**封面設計** 劉昱均
內文排版 張淑玲／**出版發行** 采實文化事業股份有限公司／**行銷企劃** 陳佩宜・黃于庭・蔡雨庭・陳豫萱・黃安汝
業務發行 張世明・林踏欣・林坤蓉・王貞玉・張惠屏／**國際版權** 王俐雯・林冠妤／**印務採購** 曾玉霞
會計行政 王雅蕙・李韶婉・簡佩鈺／**法律顧問** 第一國際法律事務所 余淑杏律師／**電子信箱** acme@acmebook.com.tw
采實官網 www.acmebook.com.tw／**采實粉絲團** www.facebook.com/acmebook01
采實童書粉絲團 https://www.facebook.com/acmestory/／**ISBN** 978-986-507-515-6／**定價** 320元／**初版一刷** 2021年10月
劃撥帳號 50148859／**劃撥戶名** 采實文化事業股份有限公司／**地址** 104臺北市中山區南京東路二段95號9樓
電話 (02)2511-9798／**傳真** (02)2571-3298

4 新同學轉學來時，該怎麼做呢？

竊竊私語

哈囉！

貼紙

貼紙

甲 畢竟和新同學不熟，還是和親近的同學一起玩吧。

乙 協助新轉學來的同學能好好適應學校生活。

5 以身體的特徵嘲笑同學也沒關係嗎？

嘻嘻，黑痣！

貼紙

貼紙

甲 不管是什麼情況，嘲笑同學都是不對的。

乙 我們是同學，就算捉弄對方也沒關係。

盧慶實老師的「安心上學小叮嚀」

被排擠的原因會是什麼呢？最大的原因就是自己內心的不滿。但因為自己不滿意而排擠同學，是非常危險的暴力行為！就如同陽光會送給每個人閃耀的光芒一樣，每個人都是珍貴的存在。不要忘記其他同學也和我們一樣是父母最心愛的寶貝，因此需要互相珍視與珍惜對方。

解答：❶ 由○X○ ❷ 由○X○ ❸ 由○X○ ❹ 由○X○ ❺ 由○X○ ❻ 由X○X

國家圖書館出版品預行編目（CIP）資料

我不喜歡你這樣對我：遠離言語傷害、肢體暴力、網路攻擊與威脅的校園霸凌／盧慶實作；李炫周繪；林建豪譯. --
初版. -- 臺北市：采實文化事業股份有限公司, 2021.10　面
；　公分. --
（小學生安心上學系列）（童心園系列；150）
譯自：학교 폭력 안전
ISBN 978-986-507-515-6（平裝）
1.安全教育 2.校園霸凌 3.網路霸凌 4.小學生
528.38　　　　　　　　　　　　　　　　110013469

 童心園系列 150

童心園　我不喜歡你這樣對我：遠離言語傷害、肢體暴力、網路攻擊與威脅的校園霸凌

作者 盧慶實／繪者 李炫周／譯者 林建豪／總編輯 何玉美／責任編輯 鄒人郁／封面設計 劉昱均
內文排版 張淑玲／出版發行 采實文化事業股份有限公司／行銷企劃 陳佩宜・黃于庭・蔡雨庭・陳豫萱・黃安汝
業務發行 張世明・林踏欣・林坤蓉・王貞玉・張惠屏／國際版權 王俐雯・林冠妤／印務採購 曾玉霞
會計行政 王雅蕙・李韶婉・簡佩鈺／法律顧問 第一國際法律事務所 余淑杏律師／電子信箱 acme@acmebook.com.tw
采實官網 www.acmebook.com.tw／采實粉絲團 www.facebook.com/acmebook01
采實童書粉絲團 https://www.facebook.com/acmestory/／ISBN 978-986-507-515-6／定價 320元／初版一刷 2021年10月
劃撥帳號 50148859／劃撥戶名 采實文化事業股份有限公司／地址 104臺北市中山區南京東路二段95號9樓
電話 (02)2511-9798／傳真 (02)2571-3298

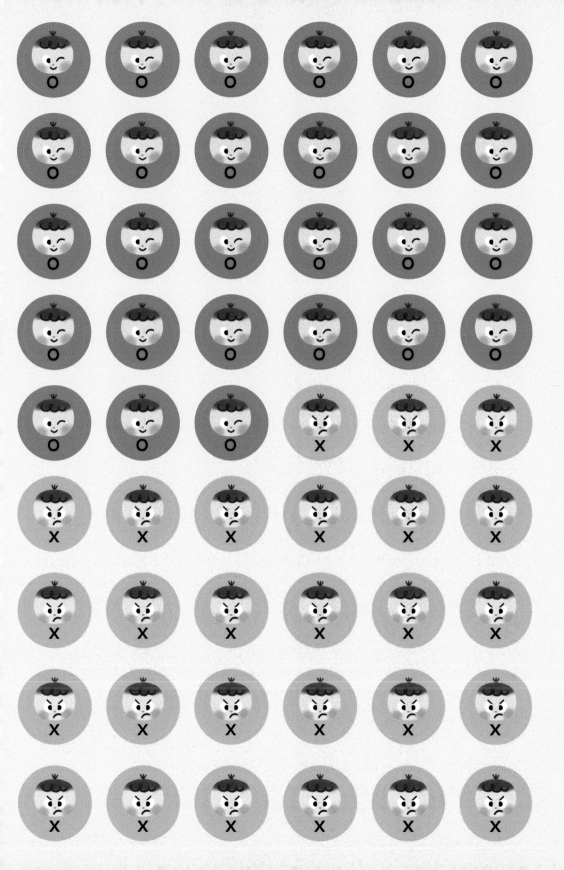